少林武术精粹系列丛书

少林拳（十八）

德虔　德炎　编著

北京体育大学出版社

责任编辑：姜艳艳
责任校对：赵红霞
版式设计：李　鹤

图书在版编目（CIP）数据

少林拳. 十八 / 德虔, 德炎编著. -- 北京 : 北京体育大学出版社, 2022.1
（少林武术精粹系列丛书）
ISBN 978-7-5644-3580-6

Ⅰ. ①少… Ⅱ. ①德… ②德… Ⅲ. ①少林拳-套路(武术) Ⅳ. ①G852.15

中国版本图书馆CIP数据核字(2022)第007592号

少林拳（十八）
SHAOLINQUAN(SHIBA)
德虔　德炎　编著

出版发行：北京体育大学出版社
地　　址：北京海淀区农大南路1号院2号楼2层办公B-212
邮　　编：100084
网　　址：http://cbs.bsu.edu.cn
发 行 部：010-62989320
邮 购 部：北京体育大学出版社读者服务部 010-62989432
印　　刷：北京昌联印刷有限公司
开　　本：880mm × 1230mm　1/32
成品尺寸：148mm × 210mm
印　　张：3
字　　数：59千字
版　　次：2022年1月第1版
印　　次：2022年1月第1次印刷
定　　价：13.80元

前　言

武术作为中国的国粹，是中华民族传统文化的组成部分。家喻户晓的少林武术便是其中极具代表性的门类，是中国武术的重要象征。

我社与少林武术结缘已久，伴随着时光的流逝，有多种内容、多样组合、各种形式的载有少林武术的出版物，源源不断地从我社注入市场，为方兴未艾的少林武术热潮平添了更高的热度。可以说，少林武术图书一直与我社相伴相随，成为我社具有长期出版价值的图书门类。其中，少林武术图书的编纂者——已故的王长青（法号释德虔）先生功不可没。他经年累月锲而不舍，寻于寺院、觅于乡间，挖掘出大量尘封的少林武术资料，继而分门别类梳理、整饬成一册册书稿，并与我社携手努力，打造出独树一帜的武术图书板块，为我社的武术图书出版打开了新局面。

今天，在着力弘扬中华优秀传统文化，树立和增强文化自信的大背景下，我社将以往出版的少林武术书籍重新进行了编排，以全新的面貌推出“少林武术精粹系列丛书”，这是我社多年来少林武术出版情结的延续，是对积累和沉淀的少林武术资源的再一次整合与展示，更紧密契合了时代的要求。

通过这套书，读者可以研习刚柔相济、闪转腾挪的少林功夫，可以感悟其中凝结的中华智慧，可以领略武术文化的博大精深……这便是我社对这套书出版价值的期待。

目　录

三路少林五合拳

动作名称

预备势

1.举旗观望

2.出势跨虎

3.丁步迎面掌

4.羚羊提腿

5.跳步匡捶

6.采罗弹踢

7.并步上冲拳

8.单挂捶

9.横踹腿

10.并步栽捶

11.并步吞袖捶

12.回身左右推拳

13.转身斜劈掌

14.大虎抱头

15.金鸡独立

16.罗汉扒打

17.周楚捉龙

18.二郎担山

19.三垫步

20.左右肘腿

21.翻身撩阴掌

22.迎门掌

23.仆步穿掌

24.独立摇掌

25.三响二起脚

26.旋风掌

27.仙人脱鞋

28.合掌飞摆莲

29.雁落沙滩

30.飞身云掌

31.猛虎翻身

32.翻身搬拦

33.并步挤手炮

34.马步架打

35.并步滚肠

36.二起脚

37.坐虎冲拳

38.猛虎回头

39.摘星换月

40.弯弓射虎

41.合掌飞摆莲

42.黄忠射箭

43.左右单劈掌

44.梅花手

45.谢步请势

46.罗汉十字手（罗汉合十）

收　势

动作图解

预备势

脚立八字，身体挺直；两臂下垂，两掌心向内，掌指向下；目视正前方。（图1）

图 1

1.举旗观望

右脚向右稍跨一步，左脚移于右脚前半步；右掌由下向上举于右上方，掌心斜向前，掌指斜向上，左臂屈肘，左掌护于腹前，掌心向内，掌指向右；目视前方。（图2）

2.出势跨虎

两脚原地不动，两腿屈膝，成左虚步；右掌由上向内向下再向外向上画弧横架于头上右前方，掌心斜向上，掌指向左，左掌变勾手，由腹前向上向外甩于左侧后下方，勾尖向上；目视前方。（图3）

3.丁步迎面掌

左脚向左跨一步，两脚蹍地，身体向左转90度，抬右脚落于左脚内侧，两腿屈膝成丁字步；右掌由后向前屈肘推击，掌心向前，掌指向上，左勾手变掌由左向右屈肘护于右掌下方，掌心斜向下，掌指斜向右；目视两掌。（图4）

图 2

图 3

图 4

4.羚羊提腿

右脚后退一步伸直，左腿向前提起，成独立势；左掌向前推击，掌心向前，掌指向上，右掌变勾手后勾于右侧上方，勾尖向下；目视左掌。（图5）

5.跳步匡捶

左脚在前方一步落地，两脚向前跳一大步，落地屈膝成左弓步；同时右勾手变拳由后向前向上再向后挑架画弧，然后向前冲击，拳心向下，高与肩平，左掌变拳，由后向前上方挑架画弧后收

抱于左肋前侧，拳心向上；目视右拳。（图6）

图 5

图 6

6.采罗弹踢

左腿不动，抬右腿向前方弹踢；左拳由后向前冲击，右臂屈肘，右拳收抱于右肋外侧，拳心向上；目视右脚前方。（图7）

动作不停，右脚落地，左腿向前方弹踢，右拳由后向前冲击，拳心向下，左拳收回，屈肘抱于左肋外侧，拳心向上；目视左脚前方。（图8）

图 7

图 8

7.并步上冲拳

左脚叉步，上体左旋，速抬右脚与左脚并步，身体向左转90度；右拳由后向右上方冲击，拳心向前，左臂屈肘，左拳护于右肋外侧，拳心向下；目视前方。（图9）

8.单挂捶

右脚不动，左脚提起向左侧横抬；右拳不变，左拳由身前向左后侧勾挂，拳心向右；目视左脚。（图10）

动作不停，左腿向左侧横踹蹬踢；左拳反勾于左后方，拳心斜向右，右拳仍上举于右侧上方，拳心向右；目视左脚前方。（图11）

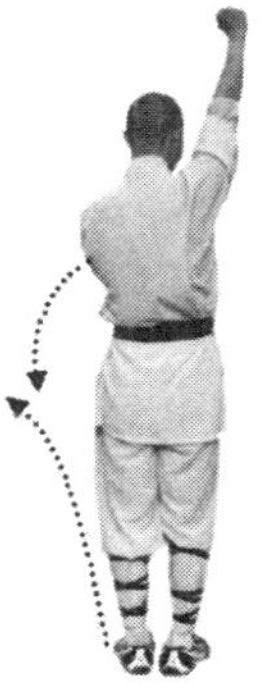

图 9

图 10

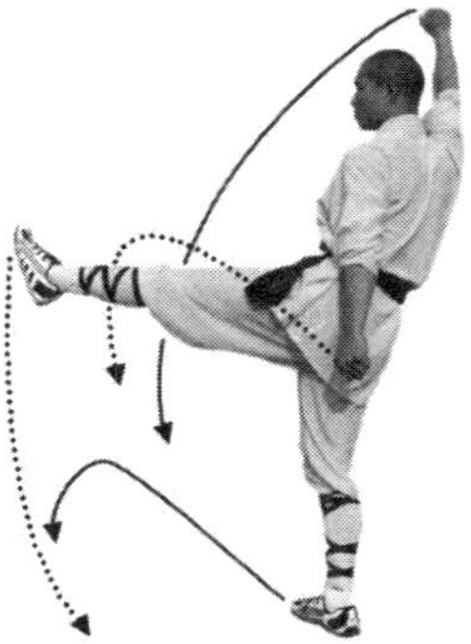

图 11

9.横踹腿

（略）

10.并步栽捶

左脚落地，右脚向左脚并步震脚，屈膝微蹲；右拳由上收回，向右胯外侧栽击，拳心向下，左臂屈肘，左拳收抱于左肋旁，拳心向上；目视右拳。（图12）

11.并步吞袖捶

抬右脚向右跨一步，左脚迅速抬起与右脚并步站立；右拳向右侧直臂冲击，拳心向下，左臂屈肘，左拳护于右肋外侧，拳心向下；目视右侧。（图13）

图 12

图 13

12.回身左右推拳

两脚蹍地，身体向左转90度，上左脚屈膝成左弓步；两拳变掌，左掌由后向前推击，掌心向前，掌指向上，右臂屈肘，右掌护于右肋外侧，掌心向下，掌指斜向前；目视左掌。（图14）

动作不停，右脚上前一步，右腿屈膝成右弓步；右掌由后向前

推击，掌心向前，掌指向上，左臂屈肘，左掌护于左肋外侧，掌心向前，掌指斜向下；目视右掌。（图15）

图 14

图 15

13.转身斜劈掌

动作不停，以右脚为轴蹍地，抬左脚向左旋体180度，落地屈膝成左弓步；左掌由胸前上架于头上左前方，掌指向右，掌心斜向上，右掌向前下方猛力劈击，掌心向左，掌指向前；目视前方。（图16）

14.大虎抱头

两脚起跳，向左猛转体270度，右腿屈膝成左仆步，右掌横架于头上前方，掌心向前，掌指向左，左掌由上向下按击，掌心向下，掌指向右；目视左侧。（图17）

图 16

图 17

15.金鸡独立

起身，右脚直立不动，抬左腿成独立势；右掌向胸前下落，与左掌交合向外画弧，右掌由前向下向外再向上横架于头上前方，掌心斜向上，掌指向左，左掌变勾手甩于身后左下侧，勾尖向上；目视前方。（图18）

16.罗汉扒打

左脚在左侧一步落地，两脚踩地，身体向左转90度，左腿屈膝成左弓步；右掌由上向前下劈，左勾手变掌向左后上方展撩，右掌心向左，掌指斜向下，左掌心向左，掌指向上；目视前方。（图19）

动作不停，右脚向前一步落地；左掌由上向前扒打，掌心向前，掌指向上，右掌由前向右侧后上方展撩，掌心向右，掌指向上；目视左掌。（图20）

动作不停，左脚向前上一步，同时身体向右转180度，成左弓

步；右掌由上向前下方扒打，掌心向前，掌指斜向下，左掌由前向后上方展撩，掌心向上，掌指向右；目视前方。（图21）

图 18

图 19

图 20

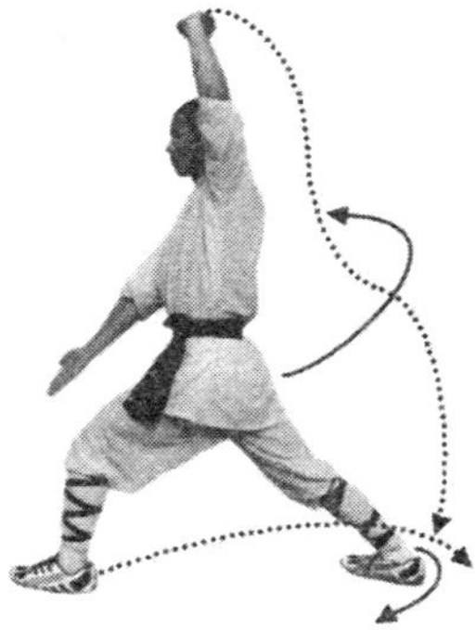

图 21

17.周楚捉龙

右脚向前上一步，左脚再上一步，两脚踬地，身体向右转90度，两腿屈膝成马步；左掌下落胸前与右掌交合后，反腕变拳屈肘向上架于头上前方，拳心向前，右掌变拳，由上向下栽击于腹前下

方，拳心向内；目视前方。（图22）

18.二郎担山

右脚不动，左脚向右脚并拢；两拳向两侧平臂外展冲击，两拳心向前，拳眼向上；目视前方。（图23）

图 22

图 23

19.三垫步

两脚向左横垫三步，左脚尖点地；两臂和两拳上下活动如挑担一样，两拳左右平臂伸直，拳心向前，拳眼向上；目视左侧。（图24）

20.左右肘腿

左脚上前半步，两脚蹍地，身体向左转90度，抬右腿由后向前泼踢；两拳变掌由上向前向右后方扒打甩摆，右掌心向下，掌指向左，左掌心向前，掌指向上，屈肘甩于右肋外侧；目视右脚前方。（图25）

动作不停，右脚落地，抬左腿由后向前泼踢；两掌由右向左后方扒打甩摆，两掌心向下，掌指向左，右臂屈肘，右掌甩于左肋前外侧；目视左脚前方。（图26）

图 24

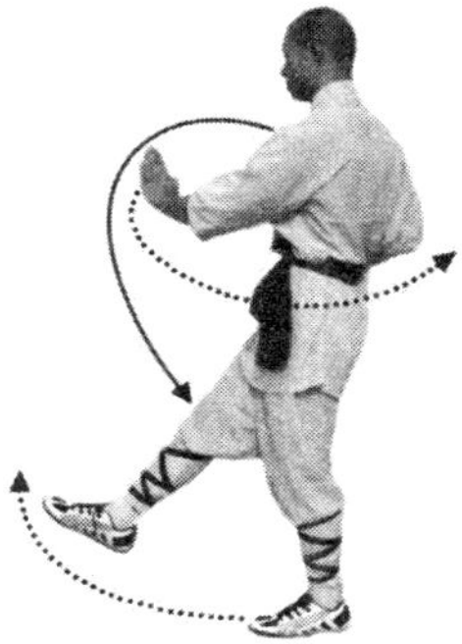

图 25

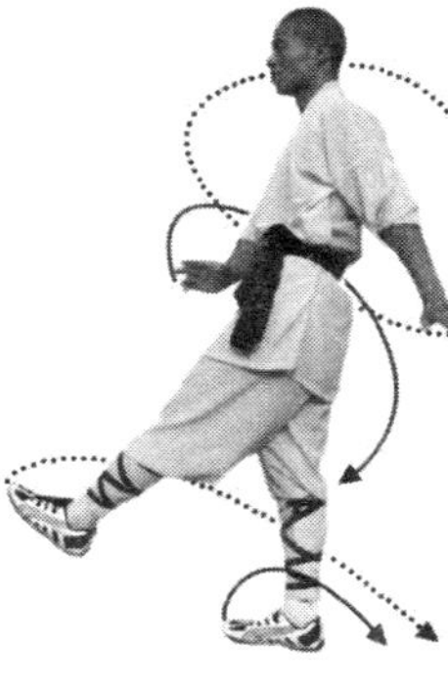

图 26

21.翻身撩阴掌

两脚起跳，身体向右转270度，两腿落地屈膝成马步；右掌随转体的同时，反掌用掌背向右侧崩击，掌心向内，掌指斜向下，左臂屈

肘，左掌护于胸前，掌心向右，掌指向上；目视右掌。（图27）

22.迎门掌

两脚蹍地，身体向右转90度，左腿屈膝，右脚尖点地，成右虚步；左掌由后向前猛力推击，掌心向前，掌指向上，右臂屈肘，右掌收回，护于右肋前侧，掌心向前，掌指向上；目视前方。（图28）

图 27

图 28

23.仆步穿掌

两脚跳起，身体向左转180度，右腿屈膝，成左仆步；左掌由后向前下方穿撩，掌心向前，掌指斜向下，右掌变勾手后架于右侧上方，勾尖向下；目视左掌。（图29）

24.独立摇掌

起身，右腿直立，左腿提膝，成独立势；右勾手变掌，与左掌同时前后摇臂，由两侧上下画弧，右掌挑于前方，掌心向前，掌指向上，左掌后展于左侧上方，掌心向外，掌指向上；目视右掌。（图30）

图 29

图 30

25.三响二起脚

左脚在右脚前方一步落地，右腿抬起，成独立势；左掌由后向下向前挑撩，掌心向前，掌指向上，右掌后展于右侧上方，掌心向外，掌指向上；目视左掌。（图31）

动作不停，右向左脚前一步落地，左腿再提起，成独立势；右掌由后向下向前挑撩穿出，掌心向前，掌指向上，左掌由前向上摆展于左侧后方，掌心向外，掌指向上；目视前方。（图32）

动作不停，左腿提起，成独立势；两掌在面前捧击。左腿不落地，速抬右腿向前上方弹踢；当全身腾空时，右掌速拍右脚面，左掌变勾手后勾于左侧上方，勾尖向下；目视右掌。（图33）

26.旋风掌

两脚前后落地，之后迅速起跳，左脚向左摆踢，随即右脚向左旋踢，同时身体向左转90度；当全身腾空时，左勾手变掌迅速由左

向右拍击右脚掌内侧，右掌挑撩于右侧后上方，掌心向外，掌指向上；目视右脚。（图34）

图 31

图 32

图 33

图 34

27.仙人脱鞋

左脚落地，右脚落于左脚前站直，速抬左腿向后踹蹬；右掌由上向后下方拍击左脚掌内侧，左掌挑撩于左上方，掌心向前，掌指斜向右；目视右掌。（图35）

动作不停，左脚不落地，以右脚为轴踉地，身体向右转180度，

左脚向外摆踢；左掌下落拍击左脚掌外侧，右掌上挑于右侧前上方，掌心向外，掌指斜向左；目视左掌。（图36）

图 35

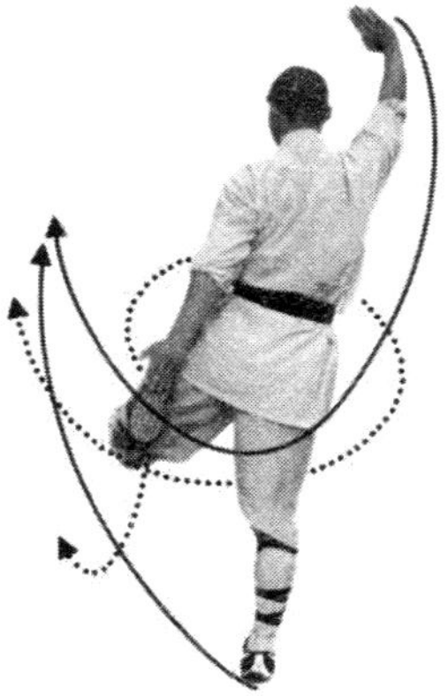

图 36

28.合掌飞摆莲

左脚不落地，两臂屈肘，在胸前鸣掌；右脚离地向右后方弹摆，身体向右转270度；当全身腾空时，两掌迅速由右向左拍击右脚面；目视右脚。（图37）

29.雁落沙滩

两脚落地，右腿屈膝成右弓步；两掌由上下落向前后两侧展开，掌心向外，掌指斜向上；目视前方。（图38）

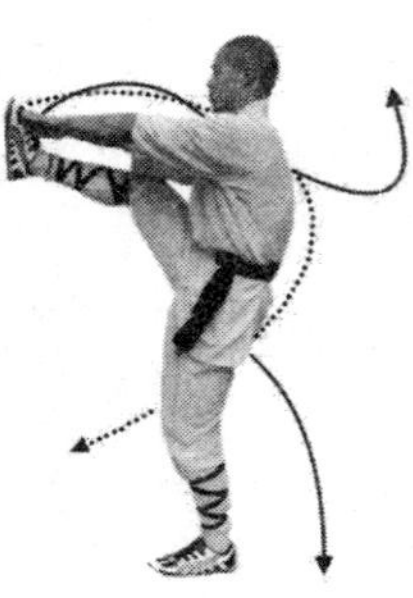

图 37

图 38

30.飞身云掌

两脚起跳，向左旋体270度，右脚落地，左脚落在右脚后；两掌在转体后，右掌挑于右侧上方，掌心斜向上，掌指向左，左掌平展于左侧前下方，掌心向下，掌指向前；目视前方。（图39）

31.猛虎翻身

两脚踉地，身体向左转180度，左腿屈膝成左弓步；左掌由后向前直臂猛力推击，掌心向前，掌指向上，右掌收护于腰间；目视左掌。（图40）

图 39

图 40

32.翻身搬拦

两脚起跳，身体向右转270度，落地后右腿屈膝成右弓步；左掌由后向左侧平切击掌，掌心向左，掌指向上，右臂屈肘，右掌外展于右侧耳后方，掌心向右，掌指向上；目视左掌。（图41）

33.并步挤手炮

抬右脚向左脚并步震脚，屈膝微蹲；右掌变拳向腹前方栽击，左掌收于腹前，掌心向上，迎击右拳；目视前方。（图42）

图 41

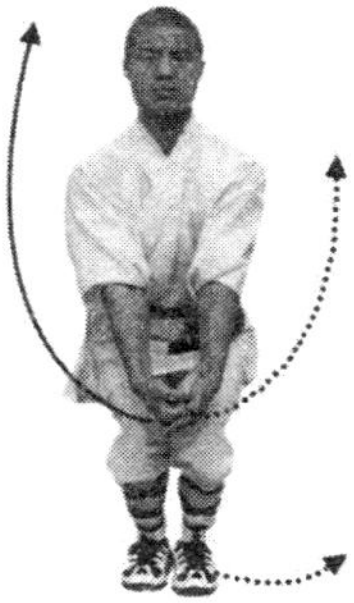
图 42

34.马步架打

左脚向左横跨一步，两腿屈膝成马步；左掌向左侧推击，掌心向左，掌指向上，右拳变掌横架于头上前方，掌指向左，掌心向上；目视左掌。（图43）

35.并步滚肠

两脚踝地，身体向左转90度，抬右脚向左脚并步震脚，屈膝微蹲成并步；右掌由上向前下方切掌，掌心向下，掌指斜向前，左臂屈肘，左掌横架于头上前方，掌心向前，掌指向右；目视右掌前方。（图44）

图 43

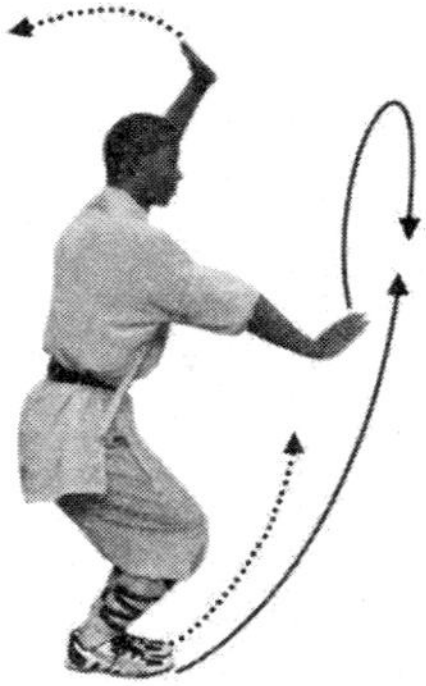

图 44

36.二起脚

两脚弹跳，抬右腿向前上方弹踢；当全身腾空时，速出右掌拍击右脚面，左掌变勾手勾于左侧后上方，勾尖向下；目视右掌。（图45）

37.坐虎冲拳

两脚前后落地，两脚踉地，身体向左转90度，抬左脚落于右脚后外侧半步，两腿屈膝全蹲成歇步；右掌变拳向右侧猛冲，拳心向下，左臂屈肘，左勾手变拳护于右肋外侧，拳心向下；目视右拳。（图46）

图 45

图 46

38.猛虎回头

起身，两脚踩地，身体向左转90度，抬左脚上一步，屈膝成左弓步；两拳变掌，左掌向前推出，掌心斜向前，掌指斜向上，右臂屈肘，右拳变掌护于右肋前侧，掌心向前，掌指向上；目视左掌。（图47）

39.摘星换月

右脚上步，以右脚为轴踩地，迅速提左腿向左转体90度；右掌由后向前上方托抓，掌心向上，掌指斜向右，左臂屈肘，左掌端于右胸前侧，掌心斜向右，掌指斜向上；目视右掌。（图48）

40.弯弓射虎

左脚向左跨一步，两脚踩地，身体向左转90度，左腿屈膝，成左弓步；继而两掌变拳，向前方猛击，拳心向左，两拳眼相对，左拳在上，右拳在下；目视前方。（图49）

图 47

图 48

图 49

41.合掌飞摆莲

左脚提起，以右脚为轴向右蹍地，身体向右转270度；两拳变掌在胸前鸣掌，两臂屈肘相对上举。左脚不落地，右腿迅速抬起向右上方弹摆，身体向右旋摆270度；当全身腾空时，两掌迅速由右向左拍击右脚面；目视右脚。（图50）

42.黄忠射箭

两脚前后落地，两脚踉地，身体向左转90度，右腿屈膝成右弓步；右掌向前推击，掌心向前，左臂屈肘，左掌后展于左侧后上方，掌心向外，掌指斜向上；目视左掌。（图51）

图 50

图 51

43.左右单劈掌

两脚内收，两腿屈膝成马步；右掌由右向左劈击，掌心斜向后，掌指斜向左，左掌立于左侧，掌心向前，掌指向上；目视前方。（图52）

动作不停，两脚原地不动；右掌再向右侧劈击，掌心斜向右，掌指斜向上，左臂屈时，左掌架于左侧上方，掌心斜向前，掌指斜向右；目视右前方。（图53）

图 52

图 53

44.梅花手

右脚向前上步，落于左脚前半步，屈膝成右虚步；两掌在身前交合，左掌在下，右掌在上，两掌心向内，两掌指斜向下；目视两掌。（图54）

动作不停，右脚向右后方撤步，落于左脚后半步，成左虚步；两掌由左向右反腕画弧后仍然交叉于身前，右掌在下，左掌在上，两掌心向内，掌指斜向下；目视两掌。（图55）

动作不停，左脚向右移半步，成左虚步；右掌向外向上作横掌架于头上前方，掌心斜向上，掌指向左，左掌变勾手甩击于身后左侧下方，勾尖向上；目视左侧。（图56）

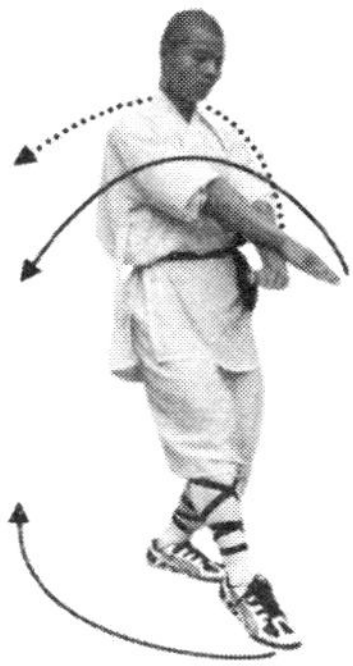
图 54

图 55

图 56

45.谢步请势

左脚向后撤步，与右脚并拢，两脚站成八字步，成立正姿势；右掌下落，与左掌在胸前交叉向外画弧，然后右掌上架于头上前方，掌心向上，掌指向左，左掌平端于腹前左侧，掌心向上，掌指向右；目视前方。（图57）

46.罗汉十字手（罗汉合十）

两脚不动；两掌向上向外画弧后再向下向内上举于胸前，交叉成十字手，左掌在内，右掌在外，两掌心向内，掌指斜向上；目视前方。（图58）

收势

两脚不动；两掌由胸前下落于两侧再向上向里画弧后，下落于两胯外侧，掌心向内，掌指向下；目视正前方。（图59）

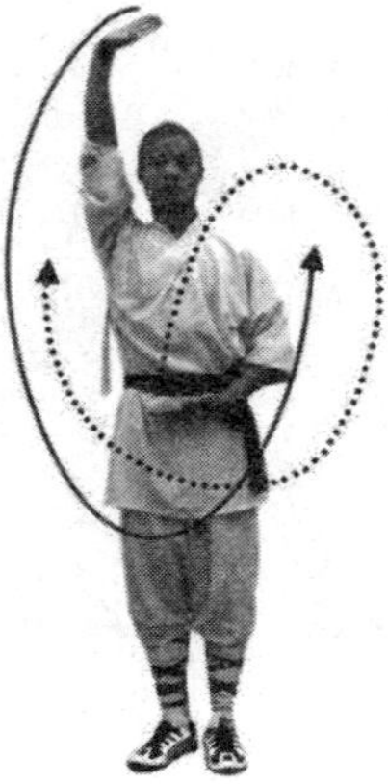

图 57

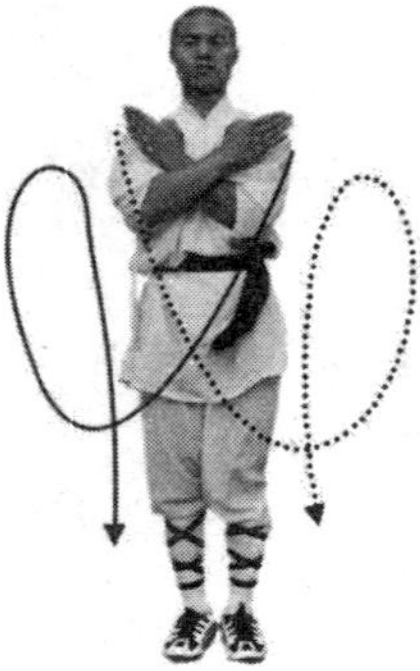

图 58

图 59

38.撤身砸拳（斜扑虎）
39.斜身单鞭
40.八步赶铲
41.二起脚
42.旋风脚
43.左右勾跟（乌龙摆尾）
44.飞摆莲
45.弯弓射雁
46.梅花手
47.登山打虎
48.护膝掌
49.探海取宝（海底偷桃）
50.紫燕啄食
51.黄龙张嘴
52.退步看山
53.猛虎扑地
54.紫燕啄食
55.金雕斜展翅
56.紫燕啄食
57.黑熊献背
58.雀地龙
59.凤凰展翅
60.扑地取宝
61.罗汉双撞钟
62.独立拜佛
63.飞身摆莲
64.举旗冲天
65.织女耍剪
66.罗汉十字手（罗汉合十）
收势

动作图解

预备势

脚立八字，身体挺直；两臂下垂，两掌心向内，掌指向下；目视正前方。（图1）

图 1

1.举旗观望

右脚向右后稍退一步，左脚移于右脚前半步；右掌上穿于头上右侧，掌心斜向前，掌指斜向上，左臂屈肘，左掌护于胸前，掌心向内，掌指斜向上；目视前方。（图2）

2.出势跨虎

两脚不动，右腿屈膝，成左虚步，右掌由上向内下落于胸前，与左掌交叉画弧后向外向上横架于头上前方，掌心斜向上，掌指斜向左，左掌变勾手甩击于左侧后方，勾尖向上；目视前方。（图3）

3.飞摆莲

两脚踩地，身体向右转90度，右脚前上一步，两脚离地起跳，身体向右旋摆180度，右腿向上弹踢；两掌在胸前鸣掌，当全身腾空时，两掌由右向左拍击右脚面；目视右脚。（图4）

图 2

图 3

图 4

4.凤凰展翅

两脚落地，右腿屈膝，成右弓步；右掌向右上方外展，掌心斜向上，掌指向左，左掌外展于左侧，掌心向外，掌指向上；目视左侧。（图5）

5.恶虎吞羊（震脚挤手炮）

抬右脚向左脚并拢震脚，两腿微屈膝下蹲；右掌变拳，由右上方向身前下方栽击，左掌由左收回向前迎击右拳；目视右拳。（图6）

6.跳步后扫腿（卷地黑风）

两脚起跳，落地时，左脚落于右脚前一步，屈膝全蹲，以左脚为轴，向右踝地，同时右脚向右后扫击，向右转体180度；右拳变掌，两掌在身前扶地，掌心向下，掌指向前；目视前下方。（图7）

图 5

图 6

图 7

7.翻身打虎势

两脚踝地，身体向右转180度，右腿屈膝，成右弓步；两掌变拳，右臂屈肘，右拳架于头上前方，拳心向左，拳眼向上，左拳由后向前猛冲，拳心向右；目视前方。（图8）

8.金鸡独立展翅（金雕展翅）

两脚踝地，身体向左转180度，右腿提起，成独立势；左拳变

掌，由右向左上方推击成立掌，掌心向前，掌指向上，右拳变勾手架于身后右侧，勾尖向下；目视左掌。（图9）

图 8

图 9

9.鱼跳龙门

右脚向前跳一步，左脚迅速弹起，落于右脚前半步；左掌和右勾手不变；目视左掌。（图10）

10.独立托印（单手托印）

右脚向前一步，左腿提起成独立势；右勾手变掌由后向前穿击，掌心斜向上，掌指斜向前，左臂屈肘，左掌收于左肋前侧，掌心向上，掌指向前；目视右掌。（图11）

11.回身弓步劈盖

左脚在右脚后一步落地，两脚踩地，身体向左转180度，屈左膝成左弓步；右掌由后向前下方猛力劈盖，左掌由后向前迎击右掌；目视两掌。（图12）

12.转身劈盖

动作不停，右脚上前一步落地，以右脚为轴向左踢转，同时抬左脚向左旋摆，身体向左转360度，两脚落地，左腿屈膝成左弓步；两掌在转体的同时，向左右展开，右掌由后向前下方劈击，左掌迎击右掌；目视两掌。（图13）

图 10

图 11

图 12

图 13

13.拿小缠（金丝缠腕）

两脚原地不动；右掌抬起用力拍击左手腕，左掌反腕，用手腕

背面迎击右掌，然后左掌向上向外再向下画弧用力缠拧旋转；目视左掌。（图14）

14.翻身推窗

两脚起跳，身体向右转360度，右脚在前，屈膝成右弓步；两掌在转体的同时，由后向前推成立掌，掌心向前，掌指向上；目视两掌。（图15）

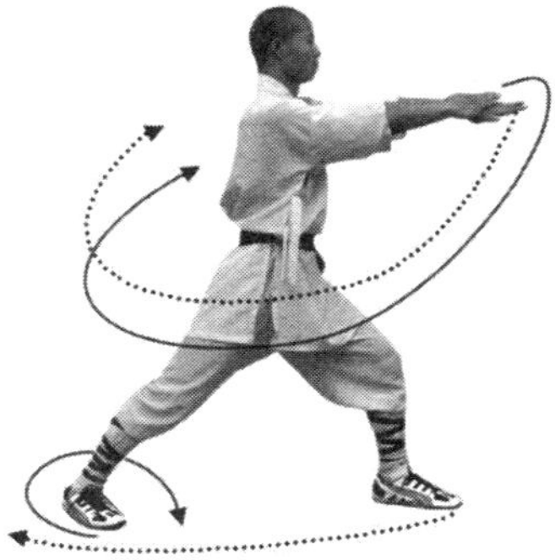

图 14

图 15

15.回身金鸡歇步

两脚蹍地，身体向左转180度，右脚上步落于左脚前外侧半步，两腿屈膝全蹲成歇步；左掌由后向前上方展出，掌指斜向上，掌心向前，右掌向前画弧后变勾手向右后下方展出，勾尖向上；目视前方。（图16）

动作不停，起身，左脚上前落于右脚前外侧半步，屈膝全蹲成歇步；右掌向前上方展开，掌心向前，掌指斜向上，左掌变勾手展

于左后下方，勾尖向上；目视前方。（图17）

图 16

图 17

16.二起脚

起身，两脚用力弹跳，当全身腾空时，右腿向前上方弹踢；速出右掌拍击右脚面，左掌变勾手勾架于左后上方，勾尖向下；目视右脚。（图18）

17.旋风脚

两脚前后落地，再迅速弹跳，右脚向左旋踢，身体向左转360度；当全身腾空时，左勾手变掌向右拍击右脚掌内侧，右掌向右上方展开，掌心向外，掌指向上；目视右脚。（图19）

图 18

图 19

18.骑马势

两脚落地踩地，身体向左转90度，两腿屈膝成马步；两掌由上下落至胸前，再猛力向两侧推出，掌心向外，掌指向上；目视前方。（图20）

19.坐虎下劈掌

左脚不动，抬右脚落于左脚后外侧半步，两腿屈膝全蹲成歇步；两掌由上向下剪击，落在身后两胯外侧，掌心斜向下；目视前方。（图21）

20.马步上劈掌

起身，左脚不动，右脚抬起，向右侧一步落地，屈膝成马步；同时两掌由两侧下方向上拍击两肩，右掌拍左肩，左掌拍右肩，右臂在外，左臂在内，两掌心向内；目视前方。（图22）

21.敞门腿

左脚向右侧移半步，速抬右腿向右侧蹬踢；同时两掌向左右展开，掌心向外，掌指向上；目视右脚。（图23）

图 20

图 21

图 22

图 23

22.独立收兵

左脚原地不动，右腿速收回，右脚不落地，成独立势；同时右掌收回，平护于胸前左侧，掌心斜向左，掌指斜向上，左掌由左侧上

举，横架于头上前方，掌心斜向上，掌指向右；目视左侧。（图24）

23.二龙吐须

以左脚为轴踮地，身体向右转90度，右脚落在左脚前一步，屈膝成右弓步；右掌变金剪指迅速向前点刺，手心向下，二指向前，左掌下落于左肋侧，掌心向上，掌指向前；目视二指。（图25）

图 24

图 25

24.仙人坐洞

两脚踮地，身体向左转90度，抬右脚落于左脚后外侧半步，两腿屈膝全蹲成歇步；右指变掌，同左掌一起在胸前交叉，右掌在内，左掌在外，两掌心向里，掌指斜向上；目视前方。（图26）

25.敞门腿

起身，右脚独立站稳，速抬左腿向左侧蹬踢，同时两掌猛力向两侧外展推击，两掌心向外，两掌指向上；目视左掌。（图27）

图 26

图 27

26.弓步反砸拳（弓步盖拳）

左脚在左侧落地，右脚上步落于左脚前一步，两脚踉地，身体向左转90度，屈右膝成右弓步；同时右掌变拳，由后上方向前下方猛力翻腕砸击，左掌由前方向上迎击右拳后腕部；目视右拳。（图28）

图 28

27.贴身靠（挨身靠、贴山靠）

两脚踉地，身体向左转90度，左脚上前半步，右脚前移震脚；

右拳上举，拳心向前，左掌变拳，后甩于左侧后下方，拳心向右；目视前方。（图29）

28.独立后挑捶

两脚踬地，身体向左转90度，左腿提起成独立势；同时右拳由上向身前下落，再用力向身后勾击，拳心向上，左臂屈肘，左拳架于胸前左侧，拳心向里；目视前方。（图30）

图 29

图 30

29.弓步金刚劈树

左脚向前一步，屈膝成左弓步；两拳变掌，左掌向前方猛力穿出，掌心斜向上，掌指斜向前，右臂屈肘，右掌端于右肋外侧，掌心向上，掌指斜向前；目视左掌。（图31）

动作不停，右脚向前上一步，屈膝成右弓步；右掌向前穿出，掌心斜向上，掌指斜向前，左臂屈肘，左掌端于左肋外侧，掌心向上，掌指斜向前；目视右掌。（图32）

图 31

图 32

30.双刀斩鼠

左脚速上前一步，屈膝成左弓步；两掌由两侧向前猛力劈击，两肘微屈，两掌心相对，掌指斜向上；目视两掌。（图33）

31.罗汉捧果

接上势，两脚原地不动；两掌用力向前直臂推出，掌心向前，掌指向上；目视两掌。（图34）

图 33

图 34

32.插花盖顶

左脚向后退半步，两脚踝地，身体向右转180度；两掌同时随转身由左向右在头上旋转，上撩于头上，右掌在后，掌心斜向右，掌指斜向上，左掌在前，掌心斜向左，掌指斜向上；目视前方。（图35）

33.展翅蹬腿

两脚前移，抬左腿向前蹬踢；右掌由后向前猛推，掌心向前，掌指向上，左掌向左侧上方展开，掌心向外，掌指斜向上；目视左脚。（图36）

动作不停，左脚落地，抬右腿向前蹬踢；左掌由后向前猛推，掌心向前，掌指向上，右掌向右侧上方外展，掌心向上，掌指向左；目视右脚。（图37）

图 35

图 36

图 37

34.袖中出捶

右脚在左脚前方一步落地，左脚稍前移，右腿屈膝成右弓步；右掌变拳，由后上方翻腕向前下方拍击，拳心向上，左掌心向上，迎击右手腕；目视右拳。（图38）

35.上步反勾拳

左脚向前落于右脚前一步，两脚踩地，身体向右转180度，右腿屈膝成左虚步，身向后仰；转体的同时，右拳变掌拍击左肘弯，左掌变拳由前向上向身后勾击，拳心向后；目视左侧。（图39）

图 38

图 39

36.回身扑地

两脚起跳，身体向右转90度，两脚相距一步落地，右腿屈膝全蹲成左仆步；左拳变掌，同右掌一起由上向下切击于身前，左掌在外，右掌在内，十字交叉按地，两掌指分开；目视左侧。（图40）

37.弓步进肘

起身，两脚不动，重心左移，左腿屈膝，成左弓步；左臂屈肘，左掌变拳，用肘尖向左侧抵击，右掌握拢左拳面，向左侧用力，并护于左肋侧，左拳心向下；目视左侧。（图41）

图 40

图 41

38.撤身砸拳（斜扑虎）

两脚踿地稍右转，右腿屈膝，成右弓步；右掌变拳，两拳由肋前展开，左拳由上向下砸击，右拳向右后上方崩击，两拳心向前，拳眼斜向上；目视左拳。（图42）

39.斜身单鞭

两脚踿地，身体向左转90度，左腿屈膝成左弓步；两拳在转体的同时猛力向前后撑击，两拳心向左，拳眼向上，高与肩平；目视前方。（图43）

图 42

图 43

40.八步赶铲

左脚不动，抬右脚向前上半步；两拳变掌，左掌由身后左侧向前撩击，掌心向前，掌指向上，右掌由前向右后上方拨击外展，掌指向上，掌心向外；目视左掌前方。（图44）

动作不停，右脚上前一步落地，速抬左腿；右掌由后向下向前穿撩，掌心向前，掌指斜向上，左掌由前向上向后上方拨击外展，掌心向后，掌指斜向上；目视前方。（图45）

图 44

图 45

41.二起脚

左脚不落地，右脚跳起，向前上方弹踢；当全身腾空时，出右掌拍击右脚面，左掌变勾手，架于左侧后上方，勾尖向下；目视右掌。（图46）

42.旋风脚

左脚落地，右脚在左脚前半步落地，两脚同时起跳，右脚向左旋踢，身体向左转180度；当全身腾空时，左勾手变掌，由左向右拍击右脚掌内侧，右掌外展于后上方，掌心向外，掌指向上；目视右脚。（图47）

图 46

图 47

43.左右勾跟（乌龙摆尾）

两脚落地，迅速抬左腿向后踹蹬；右掌向后拍击左脚掌内侧，左掌外展于左侧上方，掌心向外，掌指斜向上；目视右前方。（图48）

动作不停，以右脚为轴踞地，身体向右转90度，左脚再向外弹

摆，左掌由上下落拍击左脚掌外侧，右掌外展于右侧上方，掌心斜向上，掌指向左；目视左前方。（图49）

图 48

图 49

44.飞摆莲

左脚不落地，速抬右腿向右上方弹摆，身体向右转90度；当全身腾空时，速出两掌由右向左拍击右脚面；目视右脚。（图50）

45.弯弓射雁

两脚相距一步前后落地，踝地，身体向左转90度，右腿屈膝成右弓步；左掌猛力向左前方推击，掌心向前，掌指向上，右臂屈肘，右掌立于右肋外侧，掌心向前，掌指向上；目视左掌。（图51）

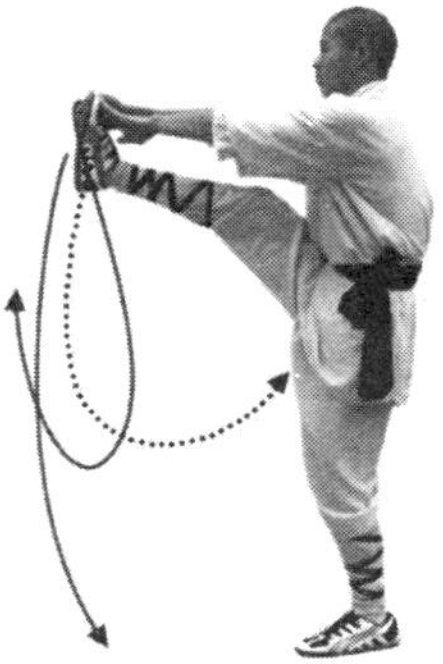

图 50

图 51

46.梅花手

抬右脚落于左脚前半步成右虚步；两掌由外向内交合成下插手；目视前方。（图52）

动作不停，右脚向右后退半步，身体向右转180度，屈膝成弓步；同时两掌分开，再交合于胸前成叉手；目视前方。（图53）

动作不停，左脚向右前方上半步成左虚步，两掌在胸前同时向外旋腕，然后右掌由下向上作横掌，架于头上前方，掌心向上，掌指向左，左掌变勾手甩于身后左侧，勾尖向上；目视前方。（图54）

47.登山打虎

左脚向左侧横跨一步，落地后两脚踉地，身体向左转90度，屈左膝成左弓步；右掌变拳向前方冲出，拳心向下，左勾手变拳横架于头上前方，拳心向前；目视前方。（图55）

图 52

图 53

图 54

图 55

48.护膝掌

右脚向前一步，提左腿成独立势；两拳变掌，右掌由上向下拍击左膝，左掌甩于身后，掌心向右，掌指斜向下；目视前方。（图56）

49.探海取宝（海底偷桃）

左脚向前下落，屈膝成左弓步；两掌在胸前向上画弧后，右掌向前托抓，掌心向上，掌指向前，左掌由上向下拍击右肘肘弯部，

掌心向下，掌指向右；目视前方。（图57）

图 56

图 57

50.紫燕啄食

两脚向前踮跳一步，右腿屈膝全蹲，成左仆步；左掌由后向前穿击，掌心向上，掌指向左，右掌变勾手后架于右后上方，勾尖向下；目视左脚。（图58）

51.黄龙张嘴

起身，向后提左腿，右腿直立；同时左掌由前向上架挑于头上前方，掌心向右，掌指向上，右勾手变掌由后向前穿于右腿前方，掌心向左，掌指斜向下；目视前方。（图59）

图 58

图 59

52.退步看山

左脚落地，向前提右腿；右掌变拳向前方直臂冲击，拳心向下，左掌变拳屈肘收抱于左肋前侧，拳心向上；目视前方。（图60）

53.猛虎扑地

右脚落地，左脚向右脚后一步落地，两脚踝地，身体向左转90度，右腿屈膝，成左仆步；两拳由上向身前下方砸击，拳心向里，拳眼相对；目视左侧。（图61）

图 60

图 61

54.紫燕啄食

接上势，两脚向左侧踮跳一步，仍成左仆步；两拳由内向外再向上落于胸前交合，然后左拳变掌迅速向左侧下方穿击，掌心向前，掌指斜向下，穿于左腿内侧；右拳变勾手勾于右后上方，勾尖向下；目视左掌。（图62）

55.金雕斜展翅

起身，右脚向左移半步，左脚稍左移；右勾手变掌由胸前向上穿于右上方，掌心向前，掌指斜向上，左掌收回胸前，再下穿于左胸外侧，掌心向前，掌指向左；目视左侧。（图63）

图 62

图 63

56.紫燕啄食

两脚向左踮跳一步，右腿屈膝，成左仆步；左掌回环向左腿前方穿出，掌心向前，掌指斜向下，右掌变勾手后勾于右后上方，勾尖向下；目视左掌。（图64）

57.黑熊献背

起身，右脚向里收，两腿屈膝成马步；两手变拳，由身前向两侧后方崩击，崩于两胯外上方，拳心向内；目视前方。（图65）

图 64

图 65

58.雀地龙

两脚起跳，猛向右转体180度，落地后，右腿屈膝成左仆步；左拳变掌由上向左下方穿挑，掌心向前，掌指斜向下，右拳变勾手勾于右侧后上方，勾尖向下；目视左掌。（图66）

59.凤凰展翅

起身，向前提左腿，成独立势，右脚蹍地，身体向左转90度；右勾手变掌由后向前穿挑于前方，掌心向前，掌指向上，左掌变勾手由前抡展于身后左上方，勾尖向下；目视右掌。（图67）

图 66

图 67

60.扑地取宝

右脚起跳，身体向右旋转90度，两脚左右相距一步落地，左腿屈膝全蹲成右仆步；左勾手变掌，同右掌共同扑地，掌心向下，两掌指斜向前；目视右侧。（图68）

61.罗汉双撞钟

起身，左脚尽力上提，膝部突出，以右脚为轴，身体向右转90度；两掌向后甩击，右掌甩于胸右侧，掌心向外，掌指向左，左掌同时护于右肋上侧，掌心向外，掌指斜向上；头向左歪，如撞钟样；目视前下方。（图69）

图 68

图 69

62.独立拜佛

以右脚为轴，左脚不落地，身体向右转180度；两手合掌举于胸前，掌心相对，掌指向上；目视两掌。（图70）

63.飞身摆莲

左脚不落地，右腿向右上方弹摆，身体向右转180度；当全身腾空时，速出两掌由右向左拍击右脚面；目视右脚。（图71）

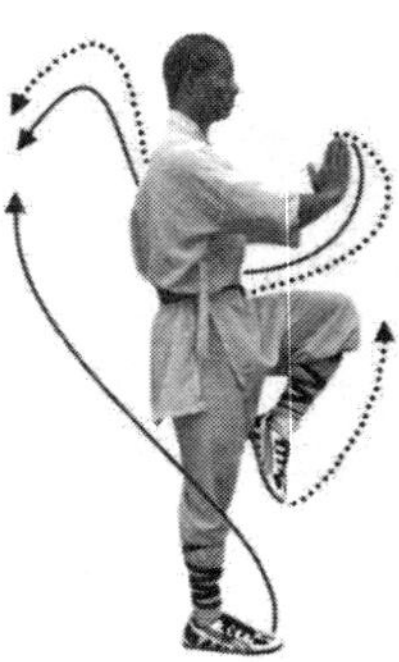

图 70

图 71

64.举旗冲天

左脚落地，右脚落在左脚后方，左脚向前半步；右掌上穿，举于头上右侧，掌心向前，掌指斜向上，左掌护于右肋外侧，掌指向上，掌心向右；目视前方。（图72）

65.织女耍剪

左脚后退一步，落于右脚后内侧半步，两脚踝地，身体向左转180度，右脚上前半步，屈左膝成右虚步；右掌由上向下盖压，掌心向下，掌指斜向前，左掌在左方迎击右掌，掌心向下，掌指斜向前，左掌在腹前和右掌成下叉手；目视两掌。（图73）

图 72

图 73

动作不停，右脚向右后退半步，身体向右转180度，右腿屈膝成弓步；同时两掌分开，再交合于胸前成插手，左掌在上，右掌在下，两掌心向下，掌指向前；目视两掌。（图74）

动作不停，左脚向右前方上半步，成左虚步，两掌在胸前同时向外旋腕，然后右掌由下向上作横掌，架于头上前方，掌心向上，掌指向左，左掌变勾手甩击于身后左侧，勾尖向上；目视前方。（图75）

图 74

图 75

66.罗汉十字手（罗汉合十）

左脚撤步，和右脚并步站立成八字步；左勾手变掌前穿，与右掌在胸前交合画弧后，左臂屈肘，左掌端在左肋前侧，掌心向下，掌指向右，右掌架于头上前方，掌心斜向上，掌指向左；目视前方。（图76）

动作不停，两脚不动；两掌向外向下画弧，再向内向在胸前十字交叉，左掌在内，右掌在外，两掌心向内，掌指斜向上；目视前方。（图77）

图 76

图 77

收势

两脚不动；两掌由胸前下落于两侧再向上向里画弧后，下落于两胯外侧，掌心向内，掌指向下；目视正前方。（图78）

图 78